RECUEIL

DES

DROITS SEIGNEURIAUX

AVANT 1789

PAR

Jacques JULIENNE

LE MANS

TYPOGRAPHIE EDMOND MONNOYER

12, PLACE DES JACOBINS, 12

1890

RECUEIL

DES

DROITS SEIGNEURIAUX

AVANT 1789

PAR

Jacques JULIENNE

LE MANS

TYPOGRAPHIE EDMOND MONNOYER

12, PLACE DES JACOBINS, 12

1890

LES
DROITS SEIGNEURIAUX

AVANT 1789

Droit d'abeilles épaves. — Droit qu'avait le seigneur haut justicier de s'emparer des abeilles qui, une fois sorties de leurs ruches, s'égaraient et n'y retournaient plus.

Droit d'abénévis dans le Lyonnais et les provinces environnantes. — Droit qu'avait le seigneur censuel ou féodal de percevoir une somme d'argent en échange de l'autorisation de se servir des eaux des ruisseaux et des chemins pour arroser les fonds voisins ou pour faire tourner les moulins. Le droit d'abénévis était parfois perçu en grains ou en fruits.

Droit d'abollage, ou d'aboinage, ou d'abeillage. — Droit en vertu du quel le seigneur pouvait prendre une certaine quantité d'abeilles, de cire ou de miel, sur les ruches de ses sujets.

Droit d'abonnement. — Droit qu'avait le seigneur de transformer la perception de certains droits éventuels en une rente annuelle d'un chiffre déterminé en espèces ou en nature.

Droit d'acapte ou de recapitum. — Droit perçu par le seigneur direct à l'occasion du décès d'un tenancier : le droit d'acapte était le double du gros et du menu cens.

Droit d'accordement. — Celui qui résultait de la composition que l'acquéreur d'un héritage féodal faisait avec son seigneur.

Droit d'accrue — Celui par lequel le seigneur haut justicier s'emparait de toute île ou atterrissement qui se faisait dans les rivières.

Droit d'acquêt. — Droit que payait au seigneur le roturier qui achetait un fief ou recevait un héritage noble.

Droit d'acquit. — Droit dû au seigneur censier le jour de la vente d'un héritage chargé de cens, à peine de 60 sous d'amende.

Droit d'adventure. — Ensemble les droits casuels auxquels l'ouverture des fiefs pouvait donner lieu au profit du seigneur dominant.

Droit d'adultère dans la coutume d'Avensac. — Droit qu'avait le seigneur d'obliger quiconque était surpris en flagrant délit d'adultère à courir tout nu par la ville ou à lui payer 50 sols.

Droit d'affiage. — Droit que le roturier payait au seigneur lorsque celui-ci lui aliénait une partie des terres nobles de son fief, laquelle portion de terre, quoique noble entre les mains du vendeur, était néanmoins tenue en roture par le vassal.

Droit d'afforage. — Droit qu'on payait au seigneur

pour obtenir de lui la permission de vendre, dans l'étendue
de la seigneurie, du vin, de la bière et autres boissons, après
que la taxe en avait été faite par les juges des lieux.

Droit d'affouage. — Droit qu'on payait pour être autorisé à couper du bois de chauffage dans une forêt.

Droit d'agastis. — Droit qu'avait le seigneur, lorsqu'un
troupeau d'oies causait des dégâts dans ses blés, d'en tuer
une sur vingt et de faire payer au propriétaire du troupeau
7 sols 6 deniers.

Droit d'agrier, dans les pays de droit écrit. — Droit
que percevait le seigneur sur les fruits, les grains, les vins,
et parfois aussi sur les bois, les prés, les pâturages, les
viviers, etc., etc.

Droit d'aide. — Subvention due pour cause de guerre.

Droit d'albergement ou d'hébergement. — Droits
qu'avaient certains seigneurs de pouvoir loger avec ceux qui
venaient les visiter, dans la maison de leurs vassaux.

Droit d'aliments. — Droit en vertu duquel le vassal
devait des aliments à son seigneur, sans toutefois que
ces aliments pussent jamais excéder les fruits du fief servant.

Droit d'amortissement. — Droit de dispense par lequel
le roi et certains seigneurs pouvaient autoriser les gens de
mainmorte à posséder des héritages.

Droit d'arban. — Droit seigneurial établi par la coutume
de la Marche, et qui obligeait à certaines corvées à bras ou

avec bœufs ou charrettes tout sujet tenant héritage, serf ou
mortaillable.

Droit d'armoiries. — Droit qu'avait le seigneur haut
justicier et le patron de faire mettre leurs armoiries dans les
églises de leurs justices ou fondations.

Droit d'arrière-guet. — Droit qu'avait le seigneur
d'obliger tous les habitants de sa terre à faire le guet ou
la garde nuit et jour à son château, service qui était per-
sonnel et ne pouvait être exigé qu'en cas de guerre ou de
nécessité.

Droit d'arsin. — Droit qu'avait le seigneur de faire
mettre le feu à la maison de celui qui avait blessé un bourgeois ou commis quelque autre crime de la compétence du
seigneur haut ou bas justicier.

Droit d'asile. — Privilège appartenant à certaines villes,
et en vertu duquel le seigneur ne pouvait poursuivre dans
ces villes ceux de ses serfs qui s'y étaient réfugiés. Les villes
françaises ayant droit d'asile étaient : Toulouse, Bourges,
Issoudun, Melun, Vierzon, Concressault, Saint-Malo et
Valenciennes.

***Droit d'assise, de tirage, de cornage, de chevaux
traînants.*** — Celui que le seigneur percevait sur les chevaux et autres bêtes servant au labourage, et qui était dû
tant par les habitants de la seigneurie que par les étrangers
qui y possédaient des héritages.

Droit d'aubenage. — Droit que percevait le seigneur
pour l'inhumation d'un forain ou étranger décédé dans sa
terre sans s'être avoué bourgeois, et qui, s'il n'était payé

dans les vingt-quatre heures, s'augmentait d'une amende de
60 sols.

Droit d'avenage. — Droit seigneurial consistant en
quelques redevances en avoine dues à cause des droits d'usage
ou de pacage accordés aux habitants de la seigneurie.

Droit d'avouerie. — Droit que payait le vassal au seigneur et en retour duquel celui-ci devait protection et défense
à son vassal.

Droit d'auristage. — Droit perçu par le seigneur sur
les ruches des abeilles, et qui était en usage en Provence.

Droit d'ayde-chevel. — Droit que le seigneur exigeait
de ses vassaux en trois occasions : lorsqu'il mariait sa fille
aînée; lorsque son fils aîné était armé chevalier; lorsque le
seigneur était fait prisonnier en combattant pour son prince.

Droit d'ayde rançon ou de complaisance. — Celui
que payaient les vassaux pour racheter leur seigneur fait prisonnier de guerre.

Droit de l'ayde de l'ost. — Droit payé au seigneur par
ses vassaux lorsqu'il allait en guerre pour le service du
roi.

Droit d'ayde de relief. — Droit dû par le vassal, après
le décès de son seigneur, à son héritier, pour l'aider à
payer au seigneur dominant les droits qu'il lui devait lui-
même.

Droit de bac. — Droit qu'avait le seigneur d'établir un
bac sur une rivière et d'en percevoir un prix de fermage.

Droit de bachellerie. — Droit que les mariés devaient au seigneur, dans le Berry.

Droit de bail. — Celui qui était dû au seigneur pour tous baux consentis pour plus de dix ans de durée.

Droit de baiser de paix. — Droit qu'avaient les seigneurs patrons hauts justiciers, leurs femmes et leurs enfants, de baiser la paix (ou la patène) aux messes paroissiales et solennelles de leurs paroisses.

Droit de banage ou de barrage. — Droit qu'on levait en Provence sur les hommes et sur les bêtes chargées ou déchargées, et qui se percevait en un endroit du chemin fermé par une barre.

Droit de banalité ou de bannée. — Droit qu'avait le seigneur d'établir dans ses terres des moulins, des fours et des pressoirs dont ses vassaux devaient se servir exclusivement, en payant pour cet usage un certain prix.

Droit de banc. — Celui que le seigneur ou le patron avait de placer un banc à son usage dans le lieu le plus honorable de l'église et même dans le chœur.

Droit de banvin ou de bancage. — Droit réservé au seigneur d'accorder l'autorisation de vendre du vin dans sa juridiction; impôt prélevé sur la vente du vin : au xiiie siècle, le bourg Saint-Germain-l'Auxerrois, c'est-à-dire tout ce qui était alors bâti au nord de Paris, hors de l'île de la Cité, appartenait à l'évêque, qui était seigneur temporel; le roi n'avait dans ce vaste bourg, qui s'étendait du pont Notre-Dame à Chaillot, que le droit de banvin et la permission d'y lever tous les trois ans une rente de 60 sols.

Droit de bâtage. — Droit perçu par certains seigneurs, en sus du droit de barrage et de péage, sur le bât que portait chaque bête passant dans leurs seigneuries.

Droit de bâtardise. — Droit en vertu duquel le seigneur ou l'État succédait à un bâtard décédé intestat et sans enfant légitime.

Droit de bichenage. — Droit perçu par le seigneur sur les blés qui se vendaient au marché de la seigneurie.

Droit de bienséance. — Faculté donnée à ceux qui possédaient par indivis, de retirer la part vendue par l'un d'eux, en rendant à l'acquéreur le prix qu'il avait payé.

Droit de billos. — Droit perçu en Bretagne par les seigneurs sur le vin vendu dans la seigneurie.

Droit de bladage. — Droit perçu dans l'Albigeois et consistant en une certaine quantité de grains pour chaque bête de labour qui travaillait sur un fond inféodé.

Droit de blairie. — Droit perçu par le seigneur pour permettre aux habitants de faire pâturer leurs bestiaux dans les bois, les places communes, les chemins, les terres vaines ou vagues et même les terres labourables de la seigneurie.

Droit de bois. — Celui qui permettait au seigneur de s'approprier tout l'espace de terre dans lequel un bois s'était étendu en croissant hors de ses limites.

Droit de bordage, de bordelage ou de bourderie. — Droit en argent, en grain ou en volaille, que le seigneur exigeait de tout laboureur tenant une métairie.

Droit de bouade. — Service de deux bœufs ou d'une charrette, que devait tout laboureur pour une corvée spéciale.

Droit de bourgeoisie. — Droit dû au seigneur par tout habitant d'un bourg affranchi.

Droit de boutage ou de bottage. — Droit de quelques pintes de vin que le seigneur prenait sur les muids destinés à être vendus en détail dans les foires.

Droit de bûche. — Grosse bûche que les vassaux devaient porter la veille de Noël dans le feu de leur seigneur, les officiers de trésoriers de France dans celui de leur supérieur.

Droit de caninage. — Droit en vertu duquel les tenanciers étaient obligés de nourrir les chiens de chasse du seigneur, et aussi droit dû au seigneur pour la permission qu'il accordait aux paysans d'avoir des chiens chez eux.

Droit de capitation. — Droit que les serfs payaient au seigneur, lorsque celui-ci mariait ses enfants ou les faisait recevoir chevaliers.

Droit de carnalage. — Droit qui se levait sur la viande mise en vente, et qui consistait quelquefois à prendre toutes les langues des bœufs tués.

Droit de carpot. — Droit du quart de la vendange payé au seigneur par certaines vignes.

Droit de catel ou de meilleur catel. — Celui qu'avait le seigneur, après le décès de ses vassaux, de prendre dans leur succession le meilleur meuble à son choix.

Droit de cauciage. — Droit que le seigneur exigeait des passants pour l'entretien du chemin.

Droit de célérage. — Droit dû au seigneur par le vassal lorsque celui-ci, après la vendange, mettait son vin en cellier.

Droit de cenage. — Droit dû au seigneur en échange de la permission qu'il donnait de pêcher dans la rivière.

Droit de cens. — Redevance ou prestation annuelle imposée par un seigneur direct lors de la première concession qu'il avait faite d'un héritage sujet à cette charge.

Droit chambellage ou de chambrelage. — Droit perçu par le chambellan du roi de France sur les vassaux lorsqu'ils rendaient hommage au roi en personne, et plus tard par les seigneurs féodaux sur leurs vassaux, en toute mutation de fiefs.

Le droit de chambellage était ordinairement de dix livres parisis, lorsque le fief était évalué à cent livres de revenu ; dans certaines coutumes, ce droit variait selon que le fief était tenu en pairie, demi-pairie, plein lige, demi-lige ou quart de lige.

Droit de champart. — Droit perçu par le seigneur sur les fruits de la terre, et variable suivant les localités.

Droit de chantelage. — Droit perçu par le seigneur féodal ou censuel sur tous les vins qui étaient vendus, soit en gros, soit en détail, dans les caves et dans les celliers des habitations de la seigneurie.

Droit de chasse. — Privilège dont jouissait le seigneur de chasser dans tous les lieux soumis à sa juridiction ; rede-

vance que recevait le seigneur en échange de l'autorisation
qu'il donnait au serf de prendre des oiseaux pendant une
saison.

Droit de chauffage. — Droit qu'avait le seigneur de
couper du bois pour sa provision dans les forêts royales.

Droit de chevage. — Droit de 12 deniers parisis dû au
seigneur, dans le Vermandois, par tout bâtard mâle
marié.

Droit de cheval de service. — Droit d'un cheval dû
par le vassal une seule fois dans sa vie.

Droit de cheval de traverse. — Droit dû au seigneur,
dans l'année du rachat, par les arrière-vassaux du vassal
décédé, dont la mort avait donné lieu au rachat.

Droit de cheval de rencontre. — Droit dû par les
vassaux quand le seigneur et un vassal décédaient la même
année.

Droit de chevrotage. — Droit perçu par les seigneurs
sur leurs tenanciers, en raison des chèvres et des chevreaux
qu'ils nourrissaient dans leurs terres.

Droit de civerage. — Droit seigneurial consistant en
grains, en avoine ou en poules, et qui se percevait sur les
habitants des seigneuries qui avaient des bestiaux.

Droit de cohuage. — Droit perçu par le seigneur sur
les marchandises vendues aux halles ou cohues.

Droit de commande. — Droit seigneurial établi par la

coutume de Berry, et qui consistait en 2 deniers tournois que le seigneur percevait chaque année sur les veuves de condition serve.

Droit de commise. — Confiscation du fief du vassal au profit du seigneur dominant. Le droit de commise pouvait être perçu lorsque le vassal disait devant témoins qu'il ne dépendait pas de son seigneur, ou prétendait que tel ou tel fruit lui appartenait en propre, ou encore dans le cas de félonie.

Droit de committimus. — Droit en vertu duquel les seigneurs pouvaient traduire leurs sujets en justice hors de leur juridiction.

Droit commun de paix. — Droit perçu par les seigneurs, en Rouergue, sur les hommes et les bêtes.

Droit de confiscation. — Droit en vertu duquel l'État s'emparait des biens des hommes condamnés au supplice capital ou à la mort civile.

Droit qu'avait le seigneur dominant de s'emparer du fief de son vassal, pour cause de félonie ou de désaveu.

Droit de cornage. — Droit perçu par le seigneur à raison de chaque bœuf de labour.

Droit de coutume. — Droit qu'avaient les seigneurs bas justiciers de percevoir un denier tournois sur chaque bête à quatre pieds nourrie, achetée et livrée dans l'étendue de leurs fiefs, à l'exception des bêtes à laine.

Droit de crédit. — Droit qu'avaient les seigneurs de prendre à crédit chez leurs affranchis les denrées qui leur étaient nécessaires. Les termes du crédit variaient selon les pays. A Montargis, le seigneur avait droit de crédit pendant un mois ; en Berry, pendant quatre mois, etc. Quelques-uns étendirent le privilège à perpétuité.

Droit de corvée. — Journée de travail ou de charroi due au seigneur par le paysan ou par ses bêtes.

Droit de corvées. — Droit qui était dû par les bouchers de Villefranche, et qui consistait en la redevance totale ou partielle du cœur, du foie, du poumon, etc., des bestiaux abattus.

Droit de dîme. — Droit fixe que s'obligeait à payer le vassal pour la redevance de sa dîme.

Droit de douzième, de sixième. — Droit que percevaient les comtes de Hainaut, sur les habitants du pays, et qui était de 12 deniers par homme, de 6 par femme.

Droit de drouille. — Présent obligé qu'on faisait au seigneur ou à ses officiers en sus des lods et ventes, et qui était ordinairement de 3 sols 4 deniers par livre des lods.

Droit d'échelle. — Droit d'avoir dans sa seigneurie une échelle ou une potence, pour montrer que l'on possédait la haute justice.

Droit d'échoppe. — Droit par le seigneur justicier ou censier sur les marchands qui, aux jours de foire et de marché, installaient des échoppes le long des rues.

Droit de l'encens. — Nombre variable de coups d'encensoir que le curé devait donner au seigneur et à sa famille pendant la messe et pendant les vêpres : ce qu'il y a de singulier dans le droit de l'encens, c'est qu'il était réservé aux seigneurs, et que les rois n'en avaient pas l'honneur. L'Assemblée constituante ordonna que l'encens ne serait plus brûlé qu'en l'honneur de la divinité.

Droit d'épavité. — Celui qu'avaient les nobles français demeurant hors du royaume de succéder à leurs parents décédés en France, en tous leurs biens nobles ou roturiers.

Droit d'escas. — Droit seigneurial, consistant dans le dixième de la valeur ou du prix des catels, que payait un non bourgeois succédant à un bourgeois.

Droit d'essogne. — Droit dû par les héritiers au seigneur dans la censive duquel le défunt possédait des biens le jour de son trépas.

Droit d'establage. — Droit dû au seigneur pour la permission qu'il donnait aux marchands d'exposer leurs marchandises en vente sous les halles ou ailleurs, aux jours de foire ou de marché de la seigneurie.

Droit d'estocage. — Droit de 4 deniers dû au seigneur pour vente d'héritage.

Droit d'étalage. — Droit perçu par le seigneur sur les marchands qui, les jours de foire ou marché, étalaient des marchandises à la devanture de leurs échoppes.

Droit de fautrage. — Droit que les seigneurs tourangeaux avaient de faire pacager leurs chevaux et leurs juments, leurs bœufs et leurs vaches, dans les prés appartenant à leurs vassaux, à la charge de faire garder ces prés.

Droit de fief. — Changement de relief ou rachat, et quelquefois de l'hommage même, en une certaine redevance annuelle payable en deniers ou en grains.

Droit de fillettes. — Droit qu'avait le bailli du seigneur, dans le comté de Dunois, de se transporter, un balai à la main, dans le domicile des filles-mères, et de leur appliquer des coups de balai sur le derrière nu, si elles ne voulaient ou ne pouvaient donner un écu. Droit que les filles devaient au seigneur lorsqu'elles se mariaient.

Droit de formariage. — Droit que les seigneurs faisaient payer à leurs serfs, quand ceux-ci se mariaient hors de la seigneurie, ou avec des personnes d'une autre condition que la leur.

Le droit de formariage s'élevait quelquefois à la somme totale de ce que possédait le serf formarié.

Droit de forteresse. — Droit qu'avait le seigneur de faire démolir la maison forte du vassal, et aussi droit qu'avaient les barons et autres grands seigneurs de faire clore leur principale ville.

Droit de fouage. — Droit dû au seigneur par chaque chef de famille tenant feu, lors même que plusieurs ménages vivaient séparément sous le même toit.

Droit de fourches patibulaires. — Droit particulier aux seigneurs ayant *Jus gladii*, c'est-à-dire droit de condamner à mort. Les uns avaient droit d'avoir des fourches patibulaires à deux piliers, d'autres à trois, d'autres à six et d'autres jusqu'à huit, notamment les ducs; si les fourches patibulaires venaient à tomber, le seigneur avait le droit de les faire relever pendant un an et un jour; après ce délai, il ne pouvait le faire sans lettres de chancellerie.

Droit de fournage. — Droit que le seigneur percevait lorsqu'il autorisait quelqu'un de sa seigneurie à cuire dans sa maison même, au lieu de cuire au four banal

Droit de frerage. — Droit de mouvance, des fiefs échus aux puînés, qui était acquis au seigneur par le partage fait entre les frères.

Droit de frésange. — Droit d'un ou plusieurs porcs, que, dans quelques seigneuries, les fermiers de la glandée devaient au seigneur.

Droit de fromentage. — Droit dû à quelques seigneurs, qui le percevaient sur des terres situées dans le domaine d'autrui.

Droit de gambage. — Droit dû en nature au seigneur féodal par les brasseurs de bière, à raison de quatre pots par brassin.

Droit de gants. — Obligation où était l'acquéreur d'un bien censuel, qui se faisait investir par le seigneur, d'offrir à celui-ci une paire de gants, redevance qui fut convertie en argent.

Droit de garde. — Droit qu'avait le seigneur de se faire garder par ses vassaux. Le vassal qui n'acquittait pas le droit de garde lige auprès de son seigneur, devait une amende arbitraire s'il était noble, et de 60 sols tournois s'il était roturier.

Droit de garde seigneuriale. — Droit qui donnait au seigneur féodal la jouissance des fiefs relevant immédiatement de lui, pendant que ses vassaux étaient en bas âge, sans qu'il fût tenu de les nourrir ou entretenir.

Droit de gendrage. — Droit que prélevait le seigneur sur l'argent qui appartenait aux nouveaux mariés, lorsqu'ils allaient demeurer chez leur beau-père au chez leurs fermier.

Droit de gîte. — Droit que les seigneurs avaient en plusieurs lieux, de loger chez leurs vassaux.

Droit de glaive. — Droit qu'avait le seigneur haut justicier de punir les crimes méritant peine afflictive.

Droit de gourmet. — Droit qu'avait le seigneur d'établir des maîtres gourmets à l'effet de goûter le vin de ses sujets et d'en déterminer le prix.

Droit de gruerie. — Droit qui appartenait au seigneur haut justicier, et qui consistait dans la faculté de chasser, d'avoir la paisson et le pasnage dans les bois de ses vassaux et sujets.

Droit de guet. — Droit en vertu duquel le seigneur exigeait que ses sujets fissent la garde autour de son château, ou payassent une redevance annuelle en argent ou en grains. Le droit de guet différait du droit d'arrière-guet en ce que nul ne pouvait se soustraire au second, qui exigeait un service actif.

Droit de hallage. — Droit que le seigneur levait sur les marchandises exposées en vente sous les halles ; droit spécial qu'avait le seigneur de faire bâtir une halle.

Droit de havage. — Droit qu'avait le seigneur de faire procéder par son bailli à une perception en nature sur les grains qui se vendaient au marché, en en prenant autant qu'il pouvait avec la main.

Le droit de havage cessa d'être compté parmi les droits seigneuriaux lorsqu'il fut donné au bourreau, qui avait le même droit sur les grains qui se vendaient au marché de Paris ; à Rouen, le bourreau levait le havage avec une cuiller de fer ou de cuivre.

Droit d'herbage vif et mort. — Droit qui appartenait au seigneur haut et moyen justicier, ou vicomtal, sur les bêtes à laine que les vassaux faisaient pacager, et qui consistait à prendre une bête à laine sur dix, vingt ou vingt-cinq, selon les coutumes, ce qui constituait le vif herbage, ou, quand le nombre était moindre, à prendre un denier parisis, ou une maille, ou une obole par chaque bête, ce qui constituait le droit de mort herbage. Le droit d'herbage était payable le jour de la Saint-Jean-Baptiste.

Droit d'hostellage. — Droit exigé par le seigneur, de tous marchands forains ou étrangers, pour le louage des boutiques dans lesquelles étaient étalées les marchandises qui devaient être vendues aux jours de foire et de marché dans la seigneurie.

Droit de huitième. — Droit établi par Charles VI, à son profit, concédé par ses successeurs aux seigneurs, consistant dans la huitième partie du prix des vins, cidres et autres boissons vendues au détail.

Droit de jalage. — Droit en vertu duquel le seigneur prenait un certain nombre de pintes sur chaque pièce de vin vendu au détail dans l'étendue de sa seigneurie.

Droi d'indire. — Droit de taille aux quatre cas, consistant communément dans le double du cens ou autres droits seigneuriaux que les sujets payaient au seigneur.

Droit d'issue. — Droit que l'acquéreur d'un immeuble devait au seigneur de qui relevait le bien par lui acquis.

Droit de laude. — Droit levé par le seigneur sur toutes les marchandises vendues dans les foires et marchés.

Droit de levage. — Droit que percevait le seigneur justicier sur les denrées qui avaient séjourné pendant huit jours dans son fief, et qui étaient vendues pour être transportées hors du fief. Droit de 5 sols perçu par le seigneur justicier sur les biens de ceux de ses sujets qui allaient demeurer hors de son fief.

Droit de l'eyde. — Droit qui se percevait au profit du seigneur sur les blés et les grains exposés en vente aux foires et aux marchés des seigneuries.

Droit de liage. — Droit que les seigneurs percevaient sur les lies des vins qui se vendaient dans leurs seigneuries.

Droit de litre ou de ceinture funèbre. — Droit que le seigneur avait de faire peindre une bande noire sur toutes les murailles, tant extérieures qu'intérieures, de l'église où ses aïeux étaient enterrés.

Droit de loge. — Droit dû aux seigneurs, chaque année, pour les logis que leurs sujets occupaient dans leurs châteaux lorsqu'ils s'y retiraient en temps de guerre.

Droit de luet. — Droit d'un boisseau de seigle que quelques seigneurs percevaient sur chaque habitant tenant feu et labourant dans la paroisse.

Droit de maille d'or. — Droit que percevaient les ducs de Nivernais pour la garde d'une foire. On disait dans le Berry, droit de Maille-Billeron.

Droit de main-mettre. — Droit en vertu duquel un serf formarié, c'est-à-dire qui avait pris une femme d'une autre condition que la sienne, devait le tiers de ses biens meubles et immeubles.

Droit de manée de sel. — Droit perçu par les seigneurs sur le sel qu'on apportait dans leurs seigneuries.

Droit de marciage. — Droit dû au seigneur direct d'héritages censuels, à la mort du seigneur ou à celle du propriétaire des héritages. Le droit de marciage perçu dans la plupart des seigneuries, était souvent établi sous d'autres noms.

Droit de mesurage ou de mesure. — Droit perçu par le seigneur sur chaque mesure et pour les poids et les mesures qu'il fournissait à ses sujets.

Droit de mettre la main au bâton. — Droit qu'avait le seigneur, pour mettre un acquéreur en possession d'un héritage censuel ou féodal, de lui mettre un bâton à la main.

Droit de minage. — Droit perçu par le seigneur pour le mesurage des blés qui se vendaient dans l'étendue de sa seigneurie, et qui tirait son nom du vaisseau à mesurer le blé, appelé mine.

Droit de monéage. — Droit de battre monnaie.

Droit de morte main. — Droit perçu par le seigneur sur

les ladres, lorsqu'ils étaient jugés et déclarés tels, à la condition qu'il leur en serait fait remise s'ils revenaient à la santé,
ce qui était rarement exécuté.

Droit de moulage. — Droit que l'on payait lorsqu'on
faisait moudre son grain au moulin banal du seigneur féodal.

Droit de moutonnage. — Droit seigneurial perçu sur les
bêtes à laine qui se vendaient ou s'achetaient dans l'étendue
d'une seigneurie.

Droit de mutation. — Ceux que percevait le seigneur
chaque fois que des héritages censuels ou des fiefs changeaient
de main.

Droit de noçage. — Droit que les seigneurs avaient
d'être invités aux noces de leurs vassaux huit jours avant leur
célébration et d'amener avec eux un levrier et deux chiens
courants.

Droit de notariat. — Droit qu'avaient les seigneurs
châtelains hauts justiciers de créer des notaires dans leur
justice.

Droit de nouvel aveu. — Celui que le seigneur avait
de recevoir le serment de fidélité des aubains qui venaient
demeurer dans sa terre, et d'empêcher ainsi le nouveau venu
dans une terre serve d'y devenir serf après y avoir demeuré
un an et un jour.

Droit d'obliage. — Droit d'un chapon ayant un douzain
au bec, que le vassal était dans l'obligation de donner à
son seigneur, lorsqu'il avait négligé de lui payer sa rente au
jour dit.

Droits d'officiers seigneuriaux. — Prérogative·
qu'avaient les seigneurs justiciers de pouvoir créer des
officiers pour faire rendre la justice en leur nom.

Droit d'offrande. — Droit honorifique attribué par la
jurisprudence des arrêts aux seigneurs, patrons et hauts
justiciers, à leurs femmes et à leurs enfants, et ensuite aux
gentilshommes et aux seigneurs de fiefs de même qualité,
d'aller les premiers avant le peuple, à l'offrande.

Droit d'ostise. — Droit d'une poule que le sujet devait
payer à son seigneur pour le fouage ou pour l'héritage qu'il
tenait de lui.

Droit d'ouverture des vendanges. — Celui qu'avait
le seigneur haut justicier de fixer le temps pendant lequel les
vendanges pouvaient se faire.

Droit de pain de chapitre. — Droit que les églises
devaient au seigneur sur le fief duquel elles étaient bâties, et
qui consistait en un pain et une mesure de vin.

Droit de pain de panière. — Droit que les sujets du
seigneur de Saint-Gondom-sur-Loire devaient, outre les cens
ordinaires, et qui consistait en un grand pain de froment,
qu'on appelait pain de panière.

Droit de paix. — Droit que l'on payait en certains
lieux pour le maintien de la paix, et qui consistait en une
hemine de vin, que livrait tous les ans chaque chef de
famille.

Droit de parc. — Droit qui consistait en ce que tout
particulier qui faisait fermer un parc dans l'étendue de la

haute justice d'un seigneur haut justicier, était contraint d'y laisser deux ouvertures de huit à neuf pieds de largeur, afin que le seigneur pût y entrer pour y chasser, si mieux n'aimait le particulier faire faire deux portes dont il devait donner les clefs au seigneur. Le droit de parc fut sanctionné par deux arrêts, l'un du parlement de Provence, l'autre du parlement de Toulouse.

Droit de parcage. — Droit d'un fromage de six livres, que chaque habitant possédant un troupeau ou parc à mettre des troupeaux, devait à son seigneur.

Droit de parcours. — Traité consenti entre deux seigneurs, stipulant que leurs hommes auraient la liberté de s'établir dans celle des deux seigneuries qu'ils préféreraient ; signifie aussi droit qu'avaient le seigneur, les communautés et le public, de mener paître des troupeaux sur les propriétés non closes et non cultivées, ainsi que sur les chaumes.

Droit de parée. — Droit en vertu duquel un seigneur pouvait poursuivre ses serfs fugitifs sur les terres d'un seigneur voisin.

Droit de parnage. — Droit en grains ou en argent qui était dû au seigneur pour la paisson des porcs ou pour le pacage des autres bestiaux.

Droit de pasnage. — Droit de paisson dans les bois qui appartenaient au seigneur haut justicier ayant droit de gruerie et de garenne.

Droit de pasquerase. — Droit que percevait le seigneur sur les habitants d'une terre, par joug de bœufs, de mules et autres bestiaux de labourage.

Droit de patronage. — Droit honorifique en vertu duquel un seigneur qui avait doté ou fondé une église, pouvait nommer et présenter un desservant à l'évêque diocésain. Signifie aussi redevance en argent ou en grains due au fondateur, et qui se payait à la messe de minuit, après l'offrande.

Droit de pâturage. — Droit en argent, ou plus souvent en grains, que le seigneur percevait sur ses justiciables pour la permission qu'il leur donnait de faire paître leurs bestiaux sur ses terres et même sur les terres d'autrui. Dans certaines provinces, on trouve ce droit désigné sous le nom de droit de pasquis ; dans d'autres, sous celui de droit de passage, et enfin sous celui de droit de paisson.

Droit de pavé. — Droit de fournir en entier le premier pavé d'une ville seigneuriale, réservé au seigneur haut justicier.

Droit de péage, de pontonnage, de barrage, de travers. — Droit que l'on payait pour passer un pont, suivre un chemin, franchir une barrière, traverser une terre seigneuriale.

Droit de pellage. — Droit qui appartenait aux seigneurs riverains de la Seine, et en vertu duquel ils touchaient quelques deniers par muid de vin chargé ou déchargé sur les bords du fleuve. Désigne encore le droit que les seigneurs percevaient sur les bêtes à poil.

Droit de percière. — Droit seigneurial perçu sur la récolte des fruits produits par les héritages, et qui tenait le milieu entre le terrage et la dîme. Il était principalement en usage en Auvergne.

Droit de picage. — Droit que l'on payait pour obtenir l'autorisation de planter en terre des pieux destinés à soutenir les échoppes.

Droit de pied et de langue. — Droits qu'avaient les seigneurs sur les pieds et la langue de toute bête tuée dans la juridiction de la seigneurie, les langues de veau exceptées.

Droit de pissonnage. — Celui que les seigneurs percevaient sur le poisson pêché dans les eaux de leurs seigneuries.

Droit de plaict seigneurial. — Droit seigneurial dû à chaque mutation du seigneur.

Droit de plaict de morte-main. — Droit que le seigneur percevait immédiatement après la mort d'un vassal fieffé.

Droits de plume. — Droits multiples que les seigneurs percevaient sur les poules, les chapons, la volaille en général.

Droit de porc banal. — Droit d'avoir un verrat pour couvrir les truies, et de se faire payer un prix réglé par l'usage.

Droit de poule de commande. — Droit d'une poule due au seigneur par toute personne tenant feu.

Droit de poursuite. — Droit que le seigneur avait de poursuivre ses serfs fugitifs, en quelque lieu qu'ils se retirassent.

Droit de prélation. — Celui que le seigneur avait de retirer un héritage vendu dans l'étendue de sa seigneurie en remboursant l'acquéreur.

Droit de prémice. — Droit appartenant aux curés et usurpé par certains seigneurs, qui consistait en un agneau sur dix, et un denier par agneau s'il y en avait moins de dix.

Droit de prévôté. — Droit appartenant aux seigneurs hauts justiciers, châtelains et barons, et consistant à pouvoir établir dans leurs justices un prévôt fermier pour recevoir les péages, coutumes, acquêts et autres droits qui se levaient sur les denrées et les marchandises.

Droit aux prières nominales. — Droit d'être recommandé aux prières publiques, qui appartint d'abord aux princes et aux prélats, et fut ensuite étendu aux patrons, aux seigneurs hauts justiciers, qui eurent le droit de se faire recommander expressément et de se faire nommer au prône de la paroisse.

Droit de pas aux processions. — Droit honorifique accordé par l'Église aux seigneurs patrons et hauts justiciers. Le droit de pas était ainsi réglé : le patron avait le pas sur tous ; s'il y avait patron et haut justicier, le premier prenait la droite et le haut justicier la gauche ; les femmes suivaient leurs maris et les enfants leurs père et mère, puis venaient les gentilshommes et les seigneurs de fiefs, suivant la qualité et la dignité de leurs fiefs.

Droit de pulvérage. — Celui que les seigneurs prélevaient sur les troupeaux de moutons qui passaient sur les terres de leurs seigneuries.

Droit de quayage. — Celui que percevait le seigneur sur les marchandises qui se déchargeaient sur les quais; celui qui se payait pour avoir la liberté de se servir d'un quai.

Droit de quenaise. — Droit en vertu duquel la terre et le fief rourier retournaient au seigneur après la mort du possesseur décédé sans héritiers.

Droit de quête. — Droit que le seigneur levait tous les ans sur chaque chef de famille ayant feu et lieu dans sa seigneurie.

Droit de quête abonnée. — Droit de quête à somme fixe, basée sur les moyens du contribuable.

Droit de quête de terre. — Impôt que payait tout possesseur de biens, même celui qui ne demeurait pas dans l'étendue de la seigneurie.

Droit de quint et requint. — Droit d'un cinquième sur le prix de vente et d'un cinquième sur ce cinquième, que payait au seigneur tout fief vendu dans sa seigneurie. Ainsi pour un fief vendu 100,000 livres, on percevait le quint, c'est-à-dire 20,000 livres, plus le requint au cinquième du quint, c'est-à-dire 4,000 livres.

Droit de quint et requint en montant. — Droit de quint et requint calculé sur la valeur du fief vendu, augmentée du cinquième du prix de vente et du cinquième de ce cinquième. Ainsi pour un fief vendu 100,000 livres, on augmentait ce prix du quint et du requint, ce qui donnait 124,000 livres, et on percevait le quint ou 24,800 livres, plus le requint ou 4,960 livres.

Droit de quintaine. — Droit qu'avaient certains seigneurs d'obliger leurs vassaux à venir courir la quintaine sous leurs fenêtres, dans certaines occasions.

Droit de rachat ou de relief. — Droit dû au seigneur féodal, pour toutes mutations qui avaient lieu de la part du vassal, et qui consistait en une année de revenu du fief ou en une somme fixe, au choix du seigneur dominant.

Droit de reconnaissance sèche. — Celui qu'avait le seigneur fondé en possession pour exercer les droits féodaux sur un territoire circonscrit et limité, de les exercer sur tout le territoire en général, et en particulier sur chacun des héritages dont il se composait.

Droit de registre. — Droit de quatre deniers qui était dû au seigneur censuel pour ensaisiner l'acquéreur d'un héritage cotier.

Droit de relevoison à plaisir. — Droit dû au seigneur censuel pour toutes mutations précédentes de la part des possesseurs d'héritages chargés de cens, et consistant dans le revenu d'un an de l'héritage aliéné.

Droit de relief de chambellage. — Celui que devait le mari au seigneur, à raison des fiefs qui advenaient à sa femme pendant le mariage.

Droit de relief de cheval et armes. — Droit de prendre et le cheval et les armes du défunt possesseur d'un fief noble et lige.

Droit de relief et ventes. — Droit dû au seigneur en cas de vente d'héritage censuel.

Droit de retenue. — Retrait féodal ou censuel.

Droit de reventions. — Celui qui était payé par l'acquéreur d'héritage censuel au seigneur féodal, outre les lods.

Droit de rivage. — Celui que percevait le seigneur sur les vins et autres marchandises transportées par eau, et qui abordaient dans les ports situés dans l'étendue de sa seigneurie.

Droit de rivière. — Droit que le roi levait sur chaque muid de vin qui descendait ou remontait la Seine, l'Yonne, la Marne, etc., depuis leur source jusqu'à Rouen.

Droit de rouage. — Droit seigneurial qui se payait sur chaque pièce de vin en gros, pour avoir la permission de la transporter ailleurs. ¡Droit d'une gerbe de blé que prenait le seigneur lors de l'enlèvement du terrage, pour l'exemption que les débiteurs avaient acquise de le conduire en la grange du seigneur.

Droit de saintre. — Droit qu'avait le seigneur de faire paître, exclusivement à tous autres, ses bestiaux en certains endroits de la seigneurie qu'il choissait. En vertu du droit de saintre, quand le seigneur avait désigné un lieu quelconque, il faisait tracer un sillon autour du terrain, et, si d'autres bestiaux que les siens entraient dans l'enceinte, il faisait confisquer les bêtes et condamner leur propriétaire à l'amende.

Droit de sainteur. — Droit que payait le serf à son seigneur, dès qu'il était affranchi.

Droit de salage. — Droit en vertu duquel le seigneur féodal prenait une certaine quantité de sel sur chaque bateau chargé qui arrivait ou qui passait par-dessous les ponts.

Droit de salmate. — Charge d'une ânesse, équivalant à quatre boisseaux de grain, que le seigneur était autorisé à prendre en certains cas.

Droit de sauvement. — Certaine quantité de blé et de vin que les vassaux donnaient à leur seigneur, pour rémunérer celui-ci de l'obligation qui lui incombait de construire et d'entretenir les murailles du bourg pour la sûreté des habitants et la conservation de leurs biens.

Droits du seigneur, de braconnage, de culage, de couillage, de culagium, de cochet, de couchet, de coquet, de cuissage, de deschaussage, de deschaussaille, de jambage, de guerson, de marquette, de prélibation, jus cunni, cunnagium, konnagium. — Noms divers d'un même droit, celui qu'avait le seigneur de passer avec ses vassales la première nuit de leurs noces.

Droits seigneuriaux et féodaux. — Prérogatives diverses attachées aux seigneuries.

Droit de segorage. — Droit seigneurial consistant dans la cinquième partie du prix des bois qui étaient vendus par les vassaux.

Droit de sépulture. — Droit que les patrons et les seigneurs justiciers et leurs familles avaient d'être enterrés dans le chœur de leur église. Le patron et les seigneurs qui avaient le droit de sépulture n'avaient pas celui de le céder à un gentilhomme, parce qu'ils avaient bien l'usage du tombeau, mais qu'ils n'en avaient pas la propriété.

Droit de sextellage ou de sexterage. — Droit qui se payait aux seigneurs par chaque setier de blé vendu sous les halles, aux foires et aux marchés de la seigneurie.

Droit de socage. — Sorte de corvée consistant en journées de labour, et ainsi nommées du soc de la charrue.

Droit de sous-aide. — Droit que les arrière-vassaux devaient au seigneur dont ils relevaient, pour l'aider à payer l'aide au seigneur suzerain.

Droit de stellage. — Droit perçu sur les grains qui se vendaient sous les halles, aux foires et aux marchés.

Droit de suite de dîme. — Droit qui était dû lorsque les bêtes tenues, nourries et hivernées, depuis le 1er novembre jusqu'au 1er mars, dans une dîmerie, allaient labourer dans une autre.

Droit de suite de serfs. — Droit en vertu duquel les seigneurs pouvaient poursuivre leurs serfs quelque part qu'ils se réfugiassent hors de leurs terres.

Droit de surget. — Droit par lequel le seigneur pouvait faire mettre à l'enchère un héritage vendu.

Droit de tabellionage. — Droit qu'avaient les seigneurs de créer des notaires dans leurs juridictions, en vertu de la concession expresse ou tacite du roi de France.

Droit de taille seigneuriale. — Redevance payable au seigneur, en certains cas, par le vassal, savoir : lorsque le seigneur mariait sa fille aînée en premières noces; lorsqu'il était fait chevalier ; lorsqu'il entreprenait un voyage d'outre-mer ; lorsqu'il était fait prisonnier, et dans d'autre cas dits extraordinaires.

Droit de taille serve. — Droit que les seigneurs avaient de lever une certaine somme de deniers sur leurs sujets serfs que l'on appelait hommes taillables. Le droit de taille serve était à la volonté et à la discrétion du seigneur, et rien ne pouvait défendre les malheureux sujets des vexations qu'il jugeait à propos d'exercer sur eux.

Droit de tasque. — Droit que le seigneur levait au temps de la moisson sur les gerbes de blés et sur les autres fruits qui y étaient sujets.

Droit de tavernage. — Droit qui était dû au seigneur par les taverniers, lorsqu'ils vendaient le vin à plus haut prix que celui qui était fixé par la taxe.

Droit de terceau. — Droit d'une certaine quantité de vin que le seigneur prenait dans les cuves et les celliers des paysans, à l'époque des vendanges.

Droit de tercage. — Droit perçu par le seigneur sur les marchandises étalées à terre sur les places des foires et des marchés.

Droit de tiers denier. — Celui que le seigneur borde-lier percevait lors de la vente de l'héritage tenu en bordelage, et qui s'élevait au tiers du prix de la vente.

Droits de tonaige, talaige ou grasselaige. — Droits perçus par des seigneurs particuliers sur ceux qui ramassaient des paillettes d'or dans quelques rivières et sur quelques montagnes du Languedoc.

Droit de tonlieu ou de tonnelieu. — Droit dû par les vendeurs et les acheteurs pour ce qu'ils vendaient ou achetaient aux jours de foire et de marché, lequel était de quatre deniers pour l'acheteur et autant pour le vendeur de chaque bête chevaline ou bovine, d'un denier pour chaque bête blanche, savoir : une maille pour l'acheteur et une pour le vendeur, et, pour chaque pourceau, d'un denier pour le vendeur et d'un denier pour l'acheteur.

Droit de traite. — Droit perçu en Berry par les seigneurs sur chaque charretée de marchandises qui sortait de leurs seigneuries.

Droit de travers. — Droit seigneurial et de haute justice accordé aux seigneurs châtelains, et consistant en une perception sur les marchandises qui traversaient leurs seigneuries.

Droit de treizième. — Droit par lequel les seigneurs féodaux ou censuels percevaient la treizième partie du prix de la vente des héritages qui relevaient d'eux ; droit perçu sur le vin vendu en la ville de Bourges.

Droit de verte moute. — Droit payé aux seigneurs banniers par les gens qui étaient sujets à leur banalité, pour les grains qu'ils recueillaient dans la seigneurie, quoiqu'ils n'y fissent pas leur résidence.

Droits de vest et devest. — Droits qu'on payait en prenant possession d'un héritage, après avoir accepté un petit bâton, un rameau, un brin de paille, que le vendeur remettait au seigneur, lequel le donnait à son tour à l'acheteur.

Droit de veuve. — Droit que les veuves devaient au

seigneur, à cause de la protection qu'il était tenu de leur accorder.

Droit de vientrage. — Droit seigneurial d'un denier tournois, qui se percevait sur les vins et autres breuvages vendus, et qui était dû chaque fois qu'un tavernier vendait à un habitant de la seigneurie une pièce de vin, quand celle-ci n'était chargée ni sur une charrette, ni sur un chariot, mais bien roulée à la main.

Droit de vinade. — Celui par lequel le seigneur était autorisé à faire charroyer ses vins à l'aide de charrettes et de paires de bœufs fournies par le paysan.

Droit de vinage. — Droit perçu en argent ou en nature sur les vins récoltés dans la seigneurie.

Droit de vingtain. — Droit qui consistait dans la vingtième partie des fruits qui se récoltaient dans une seigneurie, et qui se payait au seigneur, à condition qu'il entretiendrait son château en état de défense, pour y recevoir en temps de guerre ses sujets et leurs effets.

Droit de vin. — Droit de seize pintes de vin au moins qui était dû au seigneur, soit en argent, soit en nature, en cas de vente d'héritages censuels, outre les lods et les droits accoutumés.

Droit de werp. — Droit de douze deniers parisis qui, dans la coutume de Lille, était payé par l'acquéreur de l'héritage cotier ou censuel.

Le Mans. — Typ. Ed. Monnoyer.